JUGEMENT

RENDU PAR LE TRIBUNAL DE COMMERCE DE LA SEINE, LE 22 AVRIL 1856,

ET

SUPPLÉMENT AU MÉMOIRE

JUGEMENT.

LE TRIBUNAL, etc., etc.

« Reçoit Adrien Tournachon-Nadar et Compagnie, opposants en la forme au jugement par défaut contre eux rendu en ce Tribunal le 28 février dernier et statuant sur le mérite de cette opposition,

« En ce qui touche la demande de Félix Tournachon :

« Attendu que l'établissement de photographie fondé en 1853 par Adrien Tournachon a été exploité par ce dernier jusqu'à ce jour sous le nom de Nadar jeune ;

« Que Félix Tournachon reconnaît être demeuré pendant ce temps complétement étranger à la propriété dudit fonds commercial ;

« Attendu que pour demander qu'interdiction soit faite à Adrien Tournachon d'user du nom de Nadar jeune, Félix Tournachon se fonde sur la célébrité qu'il aurait acquise à ce nom et sur les protestations réitérées qu'il aurait adressées à raison de l'usage qui aurait été fait de ce pseudonyme qui lui était personnel ;

« Attendu que Félix Tournachon a à s'imputer

a

le tort de n'avoir pas revendiqué plus tôt le droit qu'il prétend exercer aujourd'hui ;

« Qu'Adrien Tournachon a en effet conquis comme photographe une notoriété incontestable ;

« Que ses travaux lui ont fait décerner sous le nom de Nadar jeune des récompenses honorifiques par le jury de l'Exposition ;

« Qu'en présence de ces résultats acquis, Félix Tournachon ne saurait à bon droit prétendre à l'usage exclusif du nom de Nadar, alors surtout que dans sa correspondance il a donné le nom de Nadar jeune ;

« Qu'il s'ensuit qu'il y a lieu de déclarer Félix Tournachon non recevable en ses fins et conclusions.

« En ce qui touche la demande reconventionnelle d'Adrien Tournachon contre Félix Tournachon :

« Attendu que Félix Tournachon a illustré le pseudonyme Nadar par ses œuvres artistiques et littéraires, et notamment par la publication du *Panthéon Nadar* ;

« Que Adrien Tournachon ne saurait donc lui contester de faire usage du nom de Nadar, et qu'il il y a lieu, en conséquence, de le déclarer non recevable ;

« Par ces motifs, le Tribunal rapporte le jugement dudit jour, 28 février 1856, comme nul et non avenu, déclare les parties respectivement non recevables en leurs fins et conclusions, les en déboute ;

« Dit que les dépens faits jusqu'à ce jour seront supportés par moitié. »

§

J'interjetai immédiatement appel de ce jugement, bien résolu à ne pas abandonner ce que je persiste plus que jamais aujourd'hui, et *d'après le jugement même*, à regarder comme mon droit.

Malgré l'intérêt urgent et de chaque jour qu'il y avait pour mon établissement à venir demander à ce tribunal d'arrêter une concurrence préjudiciable, je fis tenter encore, et je veux le dire, deux démarches nouvelles auprès de mes adversaires, pour éviter, au moyen d'un arbitrage, le scandale de ce nouveau procès. Ces propositions furent repoussées par mes adversaires, se croyant plus forts que jamais d'après le jugement qu'ils avaient obtenu.

Mon opinion et l'opinion de plusieurs esprits distingués et compétents que j'ai consultés sont absolument contraires.

Je vais donc relever les erreurs de fait que l'on rencontre presque à chaque ligne du jugement du Tribunal de commerce et répondre aux appréciations qu'il base sur ces erreurs.

Tout d'abord, le Tribunal me met à l'aise en me donnant du coup et définitivement trois adversaires au lieu d'un. « .... *reçoit Adrien Tournachon-Nadar jeune* ET COMPAGNIE *opposants en la forme au jugement par défaut rendu contre* EUX.... » La question se trouve, grâce à la demande reconventionnelle introduite par la Compagnie de M. Adrien Tournachon, posée comme elle devait l'être. — Il s'agit en effet de savoir si MM. Jules Lefort, Lefébure-Wely et A. Tournachon ont le droit de s'appeler Nadar.

Mais avant de prendre le jugement dans l'ordre de ses paragraphes, il est peut-être de quelque intérêt de compléter les pièces justificatives du mémoire que l'on vient de lire.

L'honorable agréé de MM. A. Tournachon et Compagnie a cru pouvoir affirmer en pleine audience, dans sa plaidoirie, que le nom Nadar *était partagé au collège entre M. Adrien Tournachon et moi.* — Je ne voulus même pas répondre à cette affirmation si positive, croyant alors une réponse inutile, mais aujourd'hui, après le jugement rendu, je viens dire simplement que j'ai fait mes études aux trois colléges de Versailles, Lyon et Bourbon à Paris. Que l'on trouve donc sur les états de ces trois colléges le nom de M Adrien Tournachon, qui *n'a jamais été dans aucun collége...*

Mais, va-t-on dire peut-être : collége, c'est pension, c'est école. Une bonne réponse une fois pour toutes et débarrassons ce premier point. On ne démentira peut-être plus cette lettre signée d'un nom honorable et connu, ni les autres attestations qui l'accompagnent.

      « Mon cher Nadar,

« Tu me demandes pour éclairer le singulier et triste procès que tu soutiens contre ton frère et ses associés de rappeler, comme le plus ancien de tes amis, mes souvenirs sur le pseudonyme Nadar.

« Tu ne pouvais, en effet, mieux t'adresser qu'à moi qui fus ton parrain en cette plaisanterie que tu as si vaillamment et heureusement fini par faire prendre au sérieux par le public.

« C'est moi qui en 1837 ou 38 — tu demeurais alors rue Saint-Jean-de-Beauvais et moi rue de la Harpe — m'avisai de changer, dans nos appellations familières, la désinence de ton nom et de transformer TOURNACHON en TOURNADAR. Une fois là, l'élision ne se fit pas attendre et nos amis simplifièrent bientôt TOURNADAR en NADAR.

« Ton frère que j'avais vu tout petit enfant lors des relations de nos deux mères, était alors, si je ne me trompe, à Lyon, et je ne fis sa connaissance que quelques années après.

« Tu peux, je pense, appuyer mon témoignage, s'il était besoin, de celui de notre petit cercle de vieux amis de ce temps-là qui sont encore nos bons amis d'aujourd'hui : E. Labiche, Marc Michel, Albéric Second, Léon Noël (il n'y manquerait que ce pauvre Molé-Gentilhomme). Leur avis n'est pas plus douteux que le mien sur la propriété à toi bien personnelle d'un sobriquet dont tu es parvenu à te faire, par ton travail et ton activité que nous savons tous, un pseudonyme célèbre.

« Ceci dit, mon bon et vieux camarade, tout en appréciant le tort que cette usurpation de nom peut causer comme tu me l'écris, à tes intérêts et aux intérêts qui te sont confiés, je crois essentiellement que ton frère, si j'ai su le juger, doit regretter, comme toi, cette division entre vous, et que s'il était seul, il s'empresserait de te rendre la chose qui est à toi. Nous n'aurions, j'en suis sûr, qu'à en appeler à lui-même sur le terrain de l'honnêteté et au souvenir de votre père, l'homme le plus probe que j'aie connu.

« Tu ne dois donc voir, comme moi, dans cette regrettable affaire, que la conséquence d'une pression causée par des associés et qui pousse ton frère Adrien plus loin, bien plus loin qu'il n'irait de lui-même. Tâche donc, encore une fois, de lui faire accepter un arbitrage d'amis communs qui vous connaissent bien tous deux, qui soient bien au courant de vos détails d'intimité et qui puissent vous éviter à tous deux le chagrin et le scandale d'un procès entre frères.

« S'il accepte, je n'ai besoin de te dire que je suis à sa disposition en cela comme en tout.
« A. LEFRANC.
« 4, rue de Louvois (1). »

Mais, à défaut de ces documents si convaincants, la preuve morale, et de la propriété à moi personnelle de ce nom, et de l'usurpation de mes trois adversaires n'est-elle pas tous les jours, et d'une façon profondément significative, dans cet élan de tous mes confrères en journalisme à réclamer pour le *seul Nadar* un droit acquis et sacré? C'est qu'ils me connaissent, eux surtout, et qu'ils savent quel est celui qui a travaillé, qui travaille encore avec eux; c'est qu'ils connaissent, et ce n'est pas d'hier, ma signature, — cette signature tant de fois répétée au bas de mes œuvres qu'elle est devenue typique, — cette signature que, non contents de mon nom usurpé, on ose contrefaire avec son paraphe chaque jour. Est-elle donc sans aucune valeur l'unanimité spontanée de ces protestations continuellement réitérées?...

Protestations vaines d'ailleurs quant à leur effet matériel, attestations inutiles quant au but qu'elles visent. C'est que le journal ne peut lutter contre votre pompeuse enseigne et vos montres du boulevard Italien, le lieu le plus fréquenté du monde. L'enseigne est l'appel direct à la foule, et tel qui me cherchait, trouve mon nom, ne s'inquiète pas au delà, et vous apporte une clientèle qu'il me destinait. Si mon droit a quelque besoin de se renforcer par des faits, voici de ce préjudice quotidien et considé-

---

(1) *Pièces à l'appui.* — Je n'ai pas cru avoir à demander d'autre attestation à mes amis nommés dans cette lettre dont la signature garantit la véracité. J'y joins une autre lettre d'un ami aux côtés duquel j'ai travaillé pendant près de cinq années dans le journal le *Commerce*, sous M. Charles Lesseps.

Mon cher Nadar,

Tu me demandes de t'écrire ce que je sais sur l'origine de ton nom de Nadar. Rien ne m'est plus facile, car je suis un de tes plus anciens amis et j'ai vu naître ta légende.

Quand nous nous sommes rencontrés, il y a dix-sept ou dix-huit ans, au moment où tous deux nous sortions du collège, tu t'appelais encore Tournachon. Un de tes camarades trouva piquant de transformer *Tournachon* en *Tournadar*, qui le lendemain se formula en Nadar tout court. Cette plaisanterie fit une fortune inouïe. Tu adoptas ce nouveau nom dans ton journalisme ou tu débutais alors; tes camarades oublièrent ton nom véritable, et bientôt, grâce à ta verve, à ton esprit, à tes succès, à ton originalité, Nadar devint bientôt un des hommes les plus connus de Paris.

La substitution de Nadar devint si complète et si absolue, que j'ai vu beaucoup de gens qui connaissaient le premier très-intimement depuis plusieurs années, apprendre avec étonnement, un beau matin, que Tournachon et Nadar n'étaient qu'une même personne.

Quant à ton frère Adrien, mes relations n'ont pas été aussi intimes avec lui qu'avec toi. Tout ce que je puis dire sur le différend qui vous divise, c'est que quand il est venu près de moi, le nom de Nadar était consacré depuis bien longtemps, et que mes amis et moi, nous avions l'habitude de l'appeler Adrien, — Tournachon jeune, — ou bien : LE FRÈRE DE NADAR.

Ton vieil ami,
DESMOULINS.

rable des preuves tellement multipliées que mon avocat n'aura que l'embarras du choix entre tous ces clients trompés (2).

J'ose, sur ce point d'appréciation parti-culière, en appeler respectueusement à MM. les Conseillers à la Cour eux-mêmes et leur de-mander s'ils n'y ont ou s'ils n'y auraient pas été trompés eux-mêmes?...

Mais venons au jugement :

§

Attendu que l'établissement de photographie, fondé en 1853 par Adrien Tournachon, a été exploité par ce dernier jusqu'à ce jour sous le nom de Nadar jeune.

Double erreur matérielle. — 1° L'établissement de photographie a été fondé non par Adrien Tournachon, mais par Félix et Adrien Tourna-chon, réunis dans un intérêt commun.

2° L'établissement a été exploité jusqu'à ce jour d'abord sous le nom de A. Tournachon, puis sous le nom de A. Tournachon-Nadar Jne, ainsi qu'il l'est encore, — et jamais sous le nom de Na-dar Jne seul.

Ce n'est que sur mes instances réitérées, et moyennant la promesse absolue de mon concours, que M. Adrien Tournachon a fini par accepter l'offre des premiers fonds, offre que lui adres-sait mon ancien ami M. Louis Le Provost, de la maison Ch. Laffitte et Blount.

De ces instances, et de ma promesse de con-cours, il est un témoin sacré dont M. Adrien Tournachon sait trop bien que je ne puis invo-quer entre nous le témoignage dans ce procès qui ne touche pas au cœur que moi seul. Je ne puis que rappeler ici à M. Adrien Tournachon, s'il l'a en effet oublié, que ce débat familier eut lieu chez moi, à ma table qui était la sienne, à mon domicile de la rue Saint-Lazare, 113, que

(2) Pièces à l'appui.

habitais dès lors avec notre mère et que j'habite encore aujourd'hui.

Mais à défaut de ce témoignage impossible (ceux qui me connaissent savent si j'aurais l'impiété de l'invoquer à faux), la preuve essentielle du fait existe dans les leçons de photographie que je fis donner immédiatement à M. Adrien Tournachon par un homme éminent parmi les plus distingués dès l'invention de la photographie, M. Gustave Legray.

Sans l'assurance d'une association, je ne me fusse point engagé en ce moment, par billets à ordre et à bref délai, à payer l'apprentissage de M. Adrien Tournachon chez M. Legray. Ma position du moment me rendait, après tant d'autres depuis dix ans, ce nouveau sacrifice complètement impossible (3) (*).

Ainsi que je l'ai dit dans mon mémoire (page 5), M. Adrien Tournachon, devenu facilement photographe en quelques jours, grâce à moi et à M. Legray, se disposa à s'installer dans l'atelier du boulevard des Capucines que lui avait trouvé M. L. Le Prévost. Seulement, troublé sans doute par la satisfaction et les espoirs de cette installation nouvelle pour lui, il me déclara qu'il entendait rester seul. — C'est alors que je lui écrivis une lettre qui le toucha profondément, paraît-il, et à laquelle il avait brouillonné une longue réponse dont il m'a bien souvent parlé depuis. (M. Adrien Tournachon sait, entre aùtres, devant qui....)

Mais M. Adrien Tournachon a nié cette lettre devant le Tribunal de commerce : il va sans doute la nier encore aujourd'hui. Laissons donc de côté ce témoin que l'on cache et dont nous pouvons

---

(3) Pièces à l'appui. — 1° Bordereau de l'huissier, qui constate le payement d'un billet de 200 fr. signé F. T. Nadar, ordre Legray, et l'acquit de *soixante-dix francs* POUR FRAIS.

2° En réponse aux renseignements que tu me demandes, mon cher Nadar, sur les leçons de photographie que *tu m'as fait donner* à ton jeune frère, et sur le chiffre de mes honoraires, je dois dire qu'à ta considération je ne l'ai fait payer que 1200 fr. au lieu de 400 que je prends à mes autres élèves, etc., etc.

Gustave LEGRAY.

(*) Le *Panthéon Nadar*, dont l'édition m'avait coûté vingt et un mille francs de dépenses et le travail de plusieurs années, venait, le lendemain même de son apparition, d'être arrêté par une opposition dont il ne s'est dégagé que tout récemment, au bout de quatre années. Je me voyais, moi qui n'ai jamais eu d'autre fortune que mon travail, écrasé sous ce coup inattendu, ruiné dans le présent et dans l'avenir par les lourds engagements de cette affaire perdue. — Non, je le répète, sans la conviction d'une association positive, j'avais dès engagements plus sacrés à cet instant que l'obligation de donner à M. Adrien Tournachon une preuve de plus de mes bons sentiments de frère aîné.

nous passer. Nous allons en appeler d'autres moins faciles à démentir.

Le fonds de M. Adrien Tournachon n'a pas été exploité, jusqu'au jour du jugement, sous le nom de Nadar, comme dit le jugement. *Les deux montres encadrées de bois noir, qui ont annoncé l'ouverture de la maison au boulevard des Capucines, ont d'abord porté le nom A. Tournachon seul* (4). Depuis, la maison n'a jamais inscrit sur ses montres et enseignes diverses, boulevard des Capucines, puis boulevard des Italiens et à l'Exposition universelle, le nom Nadar J^{ue} sans le faire précéder du nom A. Tournachon.

Cette question de simple fait a sa portée.

§

2° *Que Félix Tournachon reconnaît être demeuré pendant ce temps complétement étranger à la propriété dudit fonds commercial.*

Erreur matérielle constatée par le jugement même. — Cette appréciation du Tribunal qui déclare que j'ai été *complétement étranger à la propriété dudit fonds commercial*, est contredite par toutes les pièces du procès, — par tous les témoignages, — par l'aveu même de M. Adrien Tournachon, — par les livres tenus par moi et de mon écriture depuis le 21 septembre 1854 jusqu'au 16 janvier 1855, — livres qui ont été soumis à nos premiers arbitres, sur lesquels ils ont basé la décision qui condamne M. Adrien Tournachon quant à la question de nos intérêts pécuniaires et qui prouvent virtuellement ma présence et mes droits dans la maison du boulevard.

Mais qu'on parle pour moi et qu'on me fasse reconnaître que j'ai été complétement étranger à cette propriété que je n'ai pas un instant cessé de revendiquer de toutes les forces que je possède, je ne puis l'admettre même pour le discu-

(4) Une déclaration à l'appui de ce fait s'est rencontrée tout inattendue dans la consultation même de M. Plocque (Voir à la fin de ce mémoire).

ter et je n'ai qu'une question à adresser pour
toute réponse :

— Pourquoi ai-je invoqué d'abord notre premier Tribunal arbitral ?

— Que suis-je venu faire au Tribunal de commerce ?

— Que viens-je faire ici ?...

3° *Attendu que pour demander qu'interdiction soit faite
à Adrien Tournachon d'user du nom de Nadar jeune, Félix
Tournachon se fonde sur la célébrité qu'il aurait acquise à
ce nom et sur les protestations réitérées qu'il aurait adressées à raison de l'usage qui aurait été fait de ce pseudonyme
qui lui était personnel ;*

*Attendu que Félix Tournachon a à s'imputer le tort de
n'avoir pas revendiqué plus tôt le droit qu'il prétend exercer
aujourd'hui...*

J'ai adressé des *protestations réitérées,* — le jugement m'en donne acte et tout ce mémoire en
fait foi, dès le premier jour de l'usurpation de ce
nom *rendu par moi célèbre, et qui m'était personnel,* — et cependant *j'ai à m'imputer le tort de n'a-
voir pas revendiqué plus tôt le droit...*

Que me demande-t-on donc? Fallait-il, pour
prouver que je revendiquais mon droit, aller
casser les glaces de votre exposition et lacérer
vos enseignes? Pouvais-je faire autre chose que
ce que j'ai fait : vous demander, avec une persévérance qui ne s'est jamais lassée, de soumettre
à des arbitres cette question que j'avais tant à
cœur, et, à défaut d'arbitres, puisque vous n'en
avez pas voulu, attendre la justice du Tribunal?

Mais d'ailleurs, si peu légiste que je sois, je n'ai
pas à chercher ma réponse ailleurs que dans la lec-
ture de ce paragraphe qui établirait pour mon droit
de propriété une prescription toute nouvelle.

§

4° Qu'Adrien Tournachon a en effet conquis comme photographe une notoriété incontestable ; que ses travaux lui ont fait décerner sous le nom de Nadar jeune des récompenses honorifiques par le jury de l'Exposition...

Je suis d'autant moins disposé à contester la notoriété de la maison de M. Adrien Tournachon et Compagnie, que je sais ce qu'elle me coûte; que sans moi, dans le principe, cette maison n'existait pas, et que mon travail personnel, mes relations, mon argent et la bienveillance d'une partie du public pour mon nom ont apporté leur part assez large à cette notoriété.

J'accepte parfaitement encore, à ces mêmes titres, la médaille que MM. Adrien Tournachon et Compagnie ont obtenue devant le jury de l'Exposition, médaille que je nous désirais tant, et en vue de laquelle j'allai solliciter mon honorable ami M. Aubert, qui occupait un poste important au palais de l'Industrie, de nous faire obtenir une place tardive à l'Exposition qui allait s'ouvrir. En veut-on la preuve par M. Aubert lui-même? Voici son attestation (5).

J'avais été assez heureux dans le choix des modèles qui valurent cette médaille : je veux parler des *Têtes d'expression de Pierrot*, qui ont beaucoup occupé le monde photographique et qui ont surtout fait connaître la maison de MM. Adrien Tournachon et Compagnie.

Pensant qu'il devait y avoir quelque intérêt à varier par cette nouveauté la physionomie ordinaire des montres de photographes (et le succès a donné raison... à M. Adrien Tournachon et Compagnie), j'avais invité à venir poser chez nous M. Debureau fils, — que M. Adrien Tournachon *n'avait jamais vu*, — et d'autant plus empressé à m'être ainsi agréable, que je l'avais fait débuter en 1848, après la mort de son père,

(5) . . . . Quand vous m'avez demandé de vous aider de mon crédit dans une sollicitation qui *vous* intéressait, lors de l'ouverture de l'Exposition universelle, où je remplissais les fonctions de Chef du Secrétariat général, il me souvient parfaitement que cette *demande me fut faite par vous, sur le boulevard des Capucines, devant VOTRE établissement, que vous m'engageâtes d'aller visiter.*

Je regarde cette déclaration comme un acte de conscience, dans la position où vous vous trouvez.

Recevez, cher monsieur Nadar, mes cordialités les plus empressées,   A. AUBERT ✠.

dans le principal rôle d'une pantomime de moi, contre l'avis général qui me poussait à donner le rôle à son rival, Paul Legrand.

J'aurais donc plus que mauvaise grâce à trouver imméritée la médaille de 1855, bien que je n'en aie pas eu personnellement les bénéfices, et bien qu'au contraire, par un étrange bouleversement des choses, cette médaille — que je nous avais si ardemment souhaitée alors — semble au premier abord aujourd'hui, et d'après les termes mêmes du jugement, devoir être contre moi une arme terrible aux mains de mes adversaires.

Donc, je n'ai pas eu de médaille, moi, par cette excellente raison que, travaillant *avec vous et pour nous,* je n'avais pas eu à m'occuper de mon concours *à moi* et *contre vous.* Vous pouvez même dire, comme l'a dit dédaigneusement votre agréé du haut de cette médaille, que je ne suis *pas un photographe,* et donner un démenti aux douze employés de ma maison et aux vingt clients qui me voient, tous les jours, opérer de ma personne, — et non par mes associés, — dans mes ateliers depuis près de trois ans. — Vous avez eu la médaille, dit le jugement : je ne suis pas photographe, dit votre agréé; — et voilà une affaire décidée.

Quand je parle de médaille, j'entends la médaille de 1855, à cette Exposition où je ne m'étais même pas présenté, — si ce n'est en votre personne. — Mais l'année suivante, il y en eut une autre Exposition, bien plus importante, au point de vue photographique, que la première, et plus complète, tout le monde le sait, comme documents et nombre d'exposants : celle de Bruxelles, où tous les photographes de France, d'Angleterre, d'Allemagne et d'Amérique se rencontrèrent. Vous y vîntes, — et j'y vins aussi pour cette fois, et bien que j'eusse employé bonne partie de mon temps et de mes efforts à vous conquérir votre médaille quelques mois auparavant, j'avais l'honneur, devant un jury international composé des noms les plus illustres, d'obtenir à la France LA GRANDE MÉDAILLE D'HONNEUR POUR LE PORTRAIT, AVEC MENTION SPÉCIALE.

La maison de M. A. Tournachon-Nadar jeune et Compagnie n'obtenait qu'une récompense inférieure.

J'apprends cette semaine que je viens d'obtenir une seconde fois, — quoique non photographe! — cette Médaille d'Excellence à l'Exposition des Arts Industriels, où votre maison n'a rien envoyé.

Autre erreur de fait à relever encore dans le jugement du Tribunal de commerce, à ce même paragraphe :

... Ses travaux lui ont fait décerner, sous le nom de Nadar jeune, des récompenses à l'Exposition...

Voici le numéro du *Moniteur* (6) qui constate que ce n'est pas sous le nom de Nadar jeune, mais de A. Tournachon-Nadar jeune et Compagnie, que vous avez obtenu *cette* et non pas *ces récompenses.* Bien que le droit que je revendique soit assez évident pour ne pouvoir être obscurci par des détails de fait, je tiens à constater que toujours et à l'Exposition, vous avez annoncé votre maison sous les deux noms réunis, tandis que je n'en ai jamais porté ni signé qu'un seul, celui de **Nadar.**

Quel bon et simple moyen je vous donnais ainsi, messieurs A. Tournachon et Compagnie, — et je ne puis m'empêcher de revenir une fois de plus sur ce point, — en renonçant spontanément à mon nom patronymique, ce dont j'ai fait la proposition écrite à nos arbitres, — quel bon et simple et honnête moyen d'éviter toute confusion, toute tentation de déloyale concurrence, si vous aviez voulu m'imiter et signer du seul nom Tournachon que je vous abandonnais!

(6) Pièce à l'appui. N° du *Moniteur universel* du 8 décembre 1855.

Je ne puis m'empêcher de dire un mot d'un argument de plaidoyer qui m'a paru avoir une influence considérable sur la décision du Tribunal de commerce. L'honorable agréé de mes adversaires, qui avait été, je n'en doute pas, trompé lui le premier, — après m'avoir abandonné en toute propriété devant le Tribunal mes travaux littéraires et artistiques antérieurs que l'on renonçait enfin (il était temps, cette fois !) à revendiquer, — déclara que *je n'étais pas photographe*. M. l'agréé ne voulut pas voir, malgré mon insistance réitérée, l'attestation, jointe au dossier, de mon professeur M. Arnaud (Bertsch et Arnaud) constatant qu'il m'avait appris la photographie dès le commencement de l'année 1854 (7), en même temps que débutait la maison de M. Adrien Tournachon, au boulevard, ni les factures de mes fournisseurs, celles surtout, datées de cette époque, de MM. O. de Lalande et Compagnie, pour produits photochimiques fournis dès la même époque (8). Il ne voulut pas ouvrir non plus le carton considérable de photographies que j'apportais à l'audience, photographies exécutées par moi, et parmi lesquelles se trouvaient déjà plusieurs portraits importants de ma galerie des *Figures Contemporaines*. M. l'agréé déclara dogmatiquement, la médaille d'exposition que l'on sait en main, que je *n'étais pas photographe*, — et les termes du jugement démontrent le poids que dut avoir sur le Tribunal une accusation aussi écrasante tombant de la bouche d'un agréé dont les paroles inspirent toujours une confiance méritée.

Pas photographe !

Un homme qui réclame sa propriété, sans être photographe !

Un homme qui demande justice, sans être photographe !

(7) Pièce à l'appui.

(8) Pièce à l'appui.

Un homme qui a la prétention d'empêcher
trois autres hommes dont un qu'il ne connaît
pas et l'autre qu'il n'a jamais vu, de fausser quo-
tidiennement sa signature à son préjudice — et
sans avoir même l'honneur d'être photographe!

La raison était majeure, comme on voit.

L'honorable agréé m'en voudra-t-il quand je
lui raconterai que son invincible *pas photographe!* a égayé un peu ceux des photographes mes
confrères qui n'ont pas besoin de cacher ce gros
secret de la comédie sous le boisseau? Je ne sau-
rais même douter que malgré toutes les nécessités
de l'agréé, si Mᵉ Dillais eût pu savoir pour si peu
que ce fût ce dont il parlait, il m'eût épargné cet
excès d'indignité.

Écoutez-moi donc à votre tour, maître Dillais,
et écoutez-moi avec attention, car, à mon tour,
je parle *ex professo* — et je défie respectueusement mes maîtres : Talbot, Bayard, Niepce de
Saint-Victor oncle et neveu, Becquerel père et
fils, Regnault, Bertsch et Arnaud, Legray, P. Pé-
rier et l'ombre du grand Daguerre lui-même, de
trouver un mot à redire dans ce que je vais avoir
l'honneur de vous exposer :

La Photographie est une découverte merveil-
leuse, une science qui occupe les intelligences
les plus élevées, un art qui aiguise les esprits les
plus sagaces — et dont l'application est à la
portée du dernier des imbéciles. Cet art prodi-
gieux qui de rien fait quelque chose, cette invention miraculeuse après laquelle on peut tout
croire, ce problème impossible dont les savants
qui le résolvent depuis quelque vingt années en
sont encore à chercher le mot, cette Photographie qui avec l'Electricité appliquée et le Chlo-
roforme fait de notre dix-neuvième siècle le plus
grand de tous les siècles, — cette surnaturelle
Photographie est exercée chaque jour, dans

chaque maison, par le premier venu et le dernier aussi, car elle a ouvert un rendez-vous général à tous les fruits secs de toutes les carrières. Vous voyez à chaque pas opérer photographiquement un peintre qui n'avait jamais peint, un ténor sans engagement, et de votre cocher comme de votre concierge je me charge, — c'est sérieusement que je parle, — de faire en une leçon deux opérateurs photographes de plus. La théorie photographique s'apprend en une heure; les premières notions de pratique, en une journée.

Voilà ce qui s'apprend, maître Dillais, aussi facilement que j'ai l'honneur de vous l'exposer ;— et ce qui fait que tout le monde, sans aucune espèce d'exception, peut aspirer du jour au lendemain à se dire photographe, sans témérité.

Ce qui ne s'apprend pas, je vais vous le dire : — c'est le sentiment de la lumière, — c'est l'appréciation artistique des effets produits par les jours divers et combinés, — c'est l'application de tels ou tels de ces effets selon la nature des physionomies qu'artiste vous avez à reproduire.

Ce qui s'apprend encore beaucoup moins, c'est l'intelligence morale de votre sujet, — c'est ce tact rapide qui vous met en communion avec le modèle, vous le fait juger et diriger vers ses habitudes, dans ses idées, selon son caractère, et vous permet de donner, non pas banalement et au hasard, une indifférente reproduction plastique à la portée du dernier servant de laboratoire, mais la ressemblance la plus familière et la plus favorable, la ressemblance intime. — C'est le côté psychologique de la photographie, le mot ne me semble pas trop ambitieux.

Ce qui ne s'apprend pas non plus, c'est la probité dans le travail, c'est, dans un genre aussi délicat que le portrait, le zèle, la recherche, le travail infatigable à la poursuite persévérante, acharnée du *mieux;* c'est, en un mot, l'honnêteté commerciale que j'ose dire avoir héritée de notre

père, base certaine, assurée, irréfragable du succès de tout établissement industriel : honnêteté,
première valeur du nom qui n'est lui-même que
la garantie du travail fait et la garantie du travail
à faire ; — honnêteté essentiellement habile d'ailleurs, qui ne travaille pas pour le jour mais en
vue des lendemains, et que, malgré toutes les
difficultés du commencement et les confusions
de rivalité, le succès récompense infailliblement.

Voilà, pour le photographe s'entend qui se
borne à appliquer les découvertes de nos de-
vanciers sans s'occuper de perfectionner, chimi-
quement ou physiquement, les procédés, — voilà
les qualités qui peuvent seules faire attacher
quelque amour-propre aux résultats d'opérations
que leur simplicité élémentaire met à la portée
de tout le monde : voilà ce qui donne la valeur
véritable aux œuvres photographiques, ce qui
les différencie — et ce qui consacre pour chacun
le droit de se réclamer de ses œuvres et de ne
permettre à personne d'usurper le nom qui les
signe.

Je soumets devant les yeux de la Cour dif-
férents portraits sortis de la maison de MM. A.
Tournachon et Compagnie, et signés Nadar
jeune. — Ce n'est plus seulement, comme on le
verra en cette signature, mon nom seul que mes
adversaires ont gardé, *mais la manière même dont
je l'écris et je le parafe.* — La contrefaçon peut-
elle aller plus loin ?

§.

*5° Qu'en présence de ces résultats acquis, Félix Tour-
nachon ne saurait à bon droit prétendre à l'usage exclusif
du nom de Nadar, alors surtout que dans sa correspondance il a donné le nom de Nadar jeune.*

En corroboration de la manière dont je viens
d'établir que ces *résultats* sont *acquis*, le juge-

ment ajoute *surtout* que *dans ma correspondance j'ai donné le nom de Nadar jeune...*

Donné à qui?...

Lorsqu'il produisit à l'audience cet unique billet adressé par moi, qui porte pour suscription *Nadar jeune*, l'agréé de mes adversaires avait sans doute ses raisons pour ne pas se presser de répondre à une question que je lui dus adresser par trois fois : *La date de ce billet?...* Mᵉ Dillais regarda en haut et en bas du billet, — aux deux endroits d'où il est surtout facile de se défaire d'une date gênante, — et il dut enfin me répondre — que le billet n'était pas daté...

La date que vous ne pouviez me produire, je n'avais pas besoin de me rappeler davantage ce billet familier, écrit sur un coin de cheminée, pour vous la dire ; — il a été écrit, vous dis-je, vers la fin de l'été de 1854, *alors que notre association était conclue.*

Que prouve-t-il? — Mais d'abord, que contenait-il? Je vous adressais en deux lignes un de mes amis, le docteur baron Yvan, dont les relations étendues et importantes *nous* devaient être utiles, et je vous disais, en mon absence, de faire son portrait, intéressant pour *nous*.

En voulez-vous la preuve? Je vous la donne, ici comme partout. Voici la lettre que m'a value du baron Yvan lui-même le jugement rendu sur le billet produit par vous :

Mon cher Nadar,

C'est en effet, comme vous me le dites, un profond déplaisir pour moi que d'avoir vu un acte spontané d'obligeance amicale de votre part à mon endroit se tourner contre vous d'une façon aussi inattendue et aussi déplorable ; et si j'avais pu prévoir que, contre toute justice, vos adversaires se servissent contre vous du billet que vous m'aviez donné, j'aurais renoncé dix fois pour une à ce portrait, qui m'était surtout précieux parce qu'il venait de votre maison.

Il me semble cependant que vous vous êtes laissé condamner bien facilement avec cette lettre qui prouvait, à mon sens, plutôt pour vous que contre, puisqu'elle témoignait de

la part que vous preniez dans la maison du boulevard; et puis, à défaut de la date de ce billet, j'étais là pour certifier que c'était vers la fin d'août 1854 que vous m'aviez offert cette obligeance ; sur l'observation que je vous fis que je ne connaissais pas Monsieur votre frère, vous me mîtes complétement à l'aise, en me disant que *vous étiez son associé et que vous apportiez quelques milliers de francs dans la maison.*

Voilà, mon cher Nadar, l'expression pure de la vérité, et ce que j'affirme ici, je suis prêt à l'affirmer par serment ; je crois, au reste, que mon témoignage n'est pas de ceux qu'on peut mettre en doute.

Recevez, mon cher Nadar, avec l'expression nouvelle de mes remercîments et de mes regrets bien sincères, l'assurance de mon amitié et de toute l'estime que j'ai pour votre caractère et votre talent.

Baron Yvan.

Mais ne puis-je, cette lettre lue, faire remarquer en passant par quelle étrange et implacable fatalité tout ce que j'ai fait et tout ce que j'ai tenté de faire pour notre maison du boulevard et dans l'intérêt de M. A. Tournachon comme dans le mien, s'est perfidement tourné contre moi-même depuis ! — Ainsi, je commence par payer très-difficultueusement l'apprentissage de M. Adrien Tournachon chez M. Legray, apprentissage qui devait nous servir à tous deux, et c'est sur la priorité, quelque démentie qu'elle soit, des photographies de M. A. Tournachon que l'on me condamne. — Mon argent, mon temps, mes relations, mon nom, — sans lesquels la maison du boulevard des Capucines tombait, les livres en font foi, — j'apporte tout cela, — et j'en recueille pour tout résultat de m'être créé moi-même à moi-même une concurrence qui m'attaque avec les armes qu'elle tient de moi. — En retard pour l'Exposition universelle, j'emploie mes amis pour y obtenir une place : j'apporte à notre exposition les matériaux les plus intéressants, — et je suis écrasé devant le Tribunal de commerce sous la médaille que j'ai tant fait pour obtenir. — Il y a même un côté tristement comique à cette persévérance du sort à tourner tous mes efforts contre moi. Ainsi, en ce dernier épisode, dans ma préoccupation permanente de tout ce qui peut contribuer à relever la maison du boulevard, je rencontre un de mes amis, un homme que son caractère, sa position mettent à même de nous être très-utile, — et pour l'attirer chez nous, je forge sans m'en douter une arme avec laquelle le Tribunal de commerce me met du coup hors de combat!

Et il faut ajouter, que trop sûr de notre cause sur le terrain du droit, nous portâmes tout notre effort là où devait être surtout la lutte, abandonnant à peu près à nos adversaires la question des faits. Nous ne crûmes même pas, par-devant le Tribunal, une fois la date du billet énoncée par nous, avoir besoin de répondre sur ce billet Yvan qui décida la bataille.

Que prouvait-il, en effet, ce billet, et que prouve-t-il?

Que j'ai mis, dans une communauté de travail et d'intérêts à droits égaux, mon nom Nadar, créé par moi. L'ai-je jamais niée, cette grande découverte? Et pourquoi l'aurais-je niée? C'est à cette communauté, à cette collaboration, à cette association que j'ai donné mon nom, cette partie la plus importante de ma mise sociale, dans un but unique et spécifié, et je ne l'ai donné pour rien autre chose à personne autre au monde. J'y ai apporté, avec l'apposition *jeune*, une modification que nul autre que moi n'avait et n'a le droit d'y apporter, pour différencier le Nadar photographe du Nadar homme de lettres et caricaturiste. Ayant déjà dans le public ces deux dernières personnalités distinctes, j'avais le droit — le droit que n'avait nul autre — de m'en créer une troisième, et en gardant pour notre association le bénéfice du nom Nadar déjà connu, j'y ajoutais le mot *jeune* pour vous donner à vous, mon associé, le droit de représenter comme moi ce nom dans le travail désormais commun.

Cette association se rompt, et, — comme dans toute association rompue, — chacun remporte ses apports ; je rentre dans les miens.

Mais où vais-je en ce moment? et qu'ai-je à faire ici autre chose, ayant une fois démontré par mille preuves incontestables que mon nom m'appartient, que d'attendre que vous prouviez qu'il est à vous ?

Prouvez donc qu'il est à vous, ce nom, et qu'en ayant disposé déjà en le partageant successivement avec deux associés qui le signent, vous avez, vous et vos associés, le droit, si le besoin vous vient d'un troisième ou quatrième associé, d'offrir ce nom au rabais, de l'engager dans tous aléats commerciaux, photographiques ou autres. Partez demain pour l'Amérique, monsieur Adrien Tournachon, — comme on me l'annonçait il y a deux mois, — et c'est M. *** ou M. ***, les deux Nadar restant, qui seront judiciairement dans leur droit en faisant faire faillite au nom que je me suis créé et que je comptais laisser légalement à mon enfant.

S'il doit en être ainsi, que je le sache bien vite, et je me demanderai si j'ai encore devant moi vingt autres années de force, de volonté, d'activité d'esprit et de corps, — je n'ose plus dire de jeunesse à l'heure qui sonne, — pour remonter en homme nouveau sur la brèche et demander au public de m'accepter sous un pseudonyme dernier qu'on ne me prendra peut-être plus cette fois !

Mais, quel que soit l'arrêt qui va être prononcé, que la Cour veuille bien me permettre de la supplier instamment de ne pas oublier, dans les termes de cet arrêt, que j'ai fait tous les efforts possibles, et jusqu'au dernier moment, pour obtenir de mes adversaires que notre débat n'arrivât pas devant le Tribunal de Commerce et devant Elle..........

NADAR,
113, rue Saint-Lazare.

Pari. --- Typ. de Mᵐᵉ Vᵉ Dondey-Dupré, rue Saint-Louis, 46, au Marais.